Für

Frauen, die sich trauen

Für .... *Antje* ....

Von *Angela & Lisette*

Für
FRAUEN
die sich trauen

Andrea VERLAGS GMBH

Die Frau

Gott schuf die Welt in alter Zeit,
zuletzt vom Mensch ein Exemplar.
Doch dieses schien schon anzudeuten,
dass Gott ein wenig müde war.

Denn als er nun sein Werk beschaute,
da fehlte dies und fehlte das,
und an dem ganzen Manne taugte
nur eine einz'ge Rippe was!

Diese ward ihm raus genommen
und eine Frau daraus gemacht.
So sind wir später zwar gekommen,
jedoch geschaffen mit Bedacht!

Und zu der Frau gerechtem Lobe
erkennt man auf den ersten Blick:
Der Mann war nur 'ne kleine Probe,
wir aber sind das Meisterstück!

Ein *Meisterstück*
- teils süß, teils sauer;
es kommt auf den Betrachter an.
Wir danken unserem Erbauer,
den Schaden hat nun selbst der Mann!

So ist dies Buch ein Wegbegleiter
und Anleitung für's Weibersein,
voll frecher Sprüche - lustig, heiter,
ein Mann schaut besser nicht hinein!

Die Schönheit

brauchen wir Frauen,

damit die Männer uns lieben,

die Dummheit,

damit wir die Männer lieben.

- Coco Chanel -

Die Frau,

der annehmbarste

Naturfehler.

- John Milton -

Reden
ist silber,

AUSREDEN
GOLD!

Eine Frau
ohne Geheimnisse
ist wie eine Blume
ohne Duft.

– Maurice Chevalier –

Wenn ich ein Vöglein
wäre,
**wüsste ich genau,
wen ich als erstes
ankacke!**

**Frauen müssen
wie Frauen aussehen!**
Nicht wie
tapezierte Knochen!

Ich habe keinen
Alkohol getrunken.
**Ich kann auch ohne
peinlich sein!**

Vergeben und
vergessen ...?
**Bin ich Jesus?
Habe ich
Alzheimer?**

Ich ...
und Macken ...?
Das sind
„SPECIAL EFFECTS"!

Von
wegen Speck,
das ist
**erotische
Nutzfläche!**

Persönlichkeiten,
nicht Prinzipien
bewegen die Welt.
- Oscar Wilde -

Dass die Frauen

das

letzte Wort

haben,

beruht hauptsächlich darauf,

dass den Männern

nichts mehr einfällt.

- Hanne Wieder -

*Für das Wohlbefinden
einer Frau sind
bewundernde Männerblicke
wichtiger
als Kalorien und Medikamente.*

- Françoise Sagan -

Der Pullover
einer Frau sitzt richtig,
wenn die Männer
nicht mehr atmen können.

- Zsa Zsa Gabor -

Warum ist Rotwein besser als jeder Mann?

✦

Wenn er sauer ist,

gibt's einen *Neuen*!

✦

Er sieht

in jeder Verpackung gut aus!

✦

Du kannst

Unmengen

davon besitzen!

✦

Du kannst ihn

mit der Freundin

genießen!

✦

Lassen wir die Männer stark sein!

Das nimmt uns manchmal eine Menge Arbeit ab!

Verderbt
uns nicht
den Spaß
auf Erden!

Es sollen
Jungs
geboren werden!

DIE FRAU

Kein Raubtier,
im Gegenteil,
sie ist die Beute,
die dem Raubtier auflauert.
- José Ortega y Gasset -

ODER:

Ein Fisch,
der den

ANGLER

fängt.
- Mark Twain -

Das einzige

Geschenk,

**das sich selbst
verpackt.**

- Jean-Paul Belmondo -

*Die Frauen
müssen wieder lernen,
die Männer auf das
neugierig zu machen,
was sie schon kennen.*

- Coco Chanel -

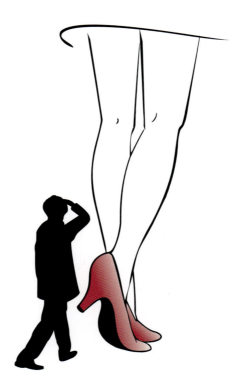

Nachdem Gott sich
bei der Erschaffung des Mannes
ziemlich verausgabt hatte,
war er für einen Moment ratlos,
wie er diesem vollkommenen Wesen
eine ebenbürtige Gefährtin
verschaffen sollte.
Doch wusste er sich zu helfen.
Er nahm den
Glanz der Sonne,

die weichen
Rundungen des Mondes,

die *Geschmeidigkeit der Schlange,*

die *Unbeständigkeit des Windes,*

die *Süße des Honigs,*

die *Wärme des Feuers*

und *die Kälte und Härte*

des Diamanten.

Das alles mengte er sorgfältig und liebevoll
und machte daraus

die Frau.

- Aus dem Orient -

Frauen,

die lange

ein Auge zudrücken,

tun es am Ende

nur noch,

um zu

zielen.

- Humphrey Bogart -

Eine Frau
macht niemals

einen Mann

zum Narren;

sie sitzt bloß dabei
und sieht zu,
wie er sich selbst
dazu macht.

- Frank Sinatra -

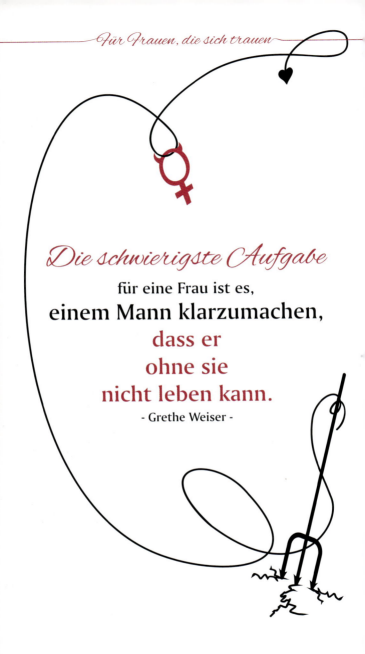

Die schwierigste Aufgabe

für eine Frau ist es,

einem Mann klarzumachen,

dass er

ohne sie

nicht leben kann.

- Grethe Weiser -

Frauen
sind viel vernünftiger
als Männer.

**Oder haben Sie schon
eine Frau erlebt,
die einem Mann
wegen seiner Beine
nachrennt?**

- Marlene Dietrich -

So sind Frauen:

Sie sind mitfühlend und sozial.

Wenn sie glücklich sind, weinen sie.

Sie kümmern sich
auch um *kleine Dinge*.

Auch wenn sie todmüde sind,
lächeln sie noch.

Sie verzaubern ein gewöhnliches Essen
in ein Festmahl.

Sie verstehen es,
stundenlang *Kinder zu beschäftigen*.

Sie sind sanft und haben doch
einen Willen aus Stahl.

Sie lassen den Männern das Gefühl,
das starke Geschlecht zu sein.

Sie sind liebenswürdig und tolerant.

Und:

Sie machen diese Welt erst schön.

So sind Männer:

Sie tragen schwere Sachen
und retten Frauen vor Spinnen.

Im Zeitalter der Reissverschlüsse

gibt es

keine

zugeknöpften Frauen

mehr,

sondern

nur noch gerissene.

- Ernst Stankovski -

Frauen mit Vergangenheit und Männer mit Zukunft ergeben eine fast *ideale Mischung.*

- Oscar Wilde -

Wer
eine gute,
verständige
und schöne Frau
sucht,
sucht nicht eine,
sondern
drei.
- Oscar Wilde -

Frauen ...

... sind wie Fluglotsen:

Wenn sie nicht wollen, kann keiner landen.

- Helen Vita -

Frauen
sind eine raffinierte Mischung

aus

BRANDSTIFTER

&
FEUERWEHR.

- Marcel Aymé -

Die 5 Geheimnisse
einer perfekte Beziehung:

1.
Es ist wichtig,
einen Mann zu finden,
der im Haushalt hilft
& eine gute Arbeit hat.

2.
Es ist wichtig,
einen Mann zu finden,
auf den du dich verlassen kannst
& der ehrlich zu dir ist.

3.
Es ist wichtig,
einen Mann zu finden,
der gut im Bett ist
& dich vorbehaltslos liebt.

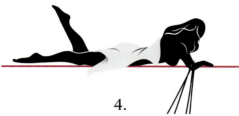

4.
Es ist wichtig,
einen Mann zu finden,
der Humor hat
& dich zum Lachen bringt.

5.
Es ist wichtig,
dass sich diese 4 Männer
nicht kennen!

Ich habe meine

Ernährung umgestellt.

Meine

Keksdose

steht nun

neben dem

Bett.

Charmante

Zicke?

ZAUBERHAFT

•

INTELLIGENT

•

CHIC

•

KOMPROMISSBEREIT

•

ENERGIEGELADEN

... aber gerne doch!

Es gibt

Mädchen,

die nicht artig,

dafür aber

großartig

sind.

- unbekannt -

**Eine Frau
kann übersehen,
dass ihr Mann
ein geschätzter Fachmann
oder ein
bedeutender Philosoph ist,
nicht aber**

ein fremdes Haar

auf seinem

Pyjama!

- Gabriel Laub -

Frauen

**haben immer
den
ganzen Schrank
voll
mit
NIX
ANZUZIEHEN!**

**verändern
dein
Leben!**

Frag Cinderella!

Frauen
sind
flexibel!

Verbummeln

sie

ihre

Flügel,

fliegen sie

trotzdem

weiter!

Die schönsten
drei Worte:

Ich
gehe
Shoppen ...

Beim Liebesspiel

ist es wie beim Autofahren:

Die Frauen bevorzugen

die Umleitung,

die Männer

die Abkürzung.

– Jeanne Moreau –

Auch die schwächste

Frau

ist noch stark genug,

um mehrere

Männer

auf den Arm

zu nehmen.

- Trude Hesterberg -

Ich verlasse mich
auf meine Sinne:

**Leichtsinn,
Irrsinn,
Wahnsinn,
Blödsinn.**

Es ist sicher
kein Zufall,
dass Vogelscheuchen
immer wie

Männer

aussehen!

Es hat keinen Sinn,
dass wir über die Männer jammern.
Wir müssen lernen,
mit dem vorhandenen Material
zu arbeiten.

FARBE
bekennen?

Aber gerne:
Champagner!

Ich liebe Champagner!

ACHTUNG!

**Heute Nacht
werden die Waagen**
**um 5 kg
– auf Sommerzeit –
zurückgestellt.**

Nicht vergessen!

DU bist ...

unpünktlich,

unzuverlässig,

ungezogen,

vorlaut,

frech &

böse!

... aber
hübsch!

Warum es schön ist, eine Frau zu sein:

DU kannst über deine Gefühle reden!

DU hast reservierte Parkplätze!

DU weißt,
dass dein Kind von dir ist!

DU kannst deinen Frust
mit neuen Schuhen lindern!

DU hast keine behaarten Ohren
und Nasenlöcher!

DU kannst auch mit kurzen Hosen
ins Büro gehen!

Eine Frau, die über die Runden kommt, hat auch bei Schlanken kein Problem.

Eine richtige Frau ist eine,
die einen Mann, ohne sich auszuziehen,
um den Verstand bringt.

Denn:

Die Fantasie des Mannes
ist die beste Waffe der Frau.

- Sophia Loren -

Sobald du merkst, dass du dich im Kreis drehst, ist es Zeit, aus der Reihe zu tanzen.

Es gibt kein
zufälliges Treffen.
Jeder Mensch
in unserem Leben
ist entweder ein Test,
eine Strafe
oder ein Geschenk.

Männer

sind wie

Highheels!

**Wir lieben sie,
auch wenn sie uns
weh tun.**

*Alles Schöne
fängt mit „S" an:
Sex, Schokolade,
Shoppen, Schuhe …*

Schon gewusst,

dass Frauen statistisch gesehen durchschnittlich

nur
17 Paar Schuhe

besitzen

ICH
bin überzeugte
SINGLE-FRAU,
die Auswahl
war erschreckend!

Eine

Schweigeminute

für alle Männer,

die mich nicht
kennengelernt haben.

Da Gott

den Staub nicht

rosa & glitzern

gemacht hat,

sind

Frauen

NICHT

für die Hausarbeit

geschaffen!

Ich hätte gerne

die große Liebe

zum

Mitnehmen

auf die Hand

- ohne Lügen und
Verarschung!

FRAUEN

sind entsetzt,
was Männer alles vergessen.

MÄNNER

sind entsetzt,
an was Frauen sich alles erinnern.

Wenn **Gott** eine **Frau** wäre, ...

... dann wäre Beichten wie Dorffunk
- am nächsten Tag wissen es alle.

... dann wäre das letzte Abendmahl
eine Kerzen-Party.

... dann wäre die heilige Messe eine Modenschau
und der Messwein Prosecco.

... dann gäbe es nicht zehn sondern 365 Gebote
- für jeden Tag eins, und:

Sie wären in einen Satz Platzdeckchen
gestickt worden.

... dann hieße der Dom Domina.

... dann würde der Vatikan Muttikan heißen
und hätte ein Shoppingcenter.

... dann wäre der Mann so erschaffen,
dass er länger als zwei Minuten Sex
machen kann, in jedem Alter.

... dann würde man sich nicht
mit „Grüß Gott" begrüßen sondern mit:
„Grüß mir die Göttin gaaaaaanz,
gaaaaaanz lieb und sag ihr Bussi, Bussi."

... dann gäbe es keine Sportsendung,
Wirtschaftsberichte,
Sience-Fiction-Serien, Boxen, Western ...

... dann wäre Jesus ans Kreuz genäht worden.

Frauen
ohne Männer
sind nicht
schwierig,
sie
sind
anspruchsvoll.

Warum
Männer
nicht gleichzeitig
INTELLIGENT UND
GUT AUSSEHEND
sind
?
Nun,
dann wären sie ja
Frauen!

**Ich brauche
keinen Prinzen,**
der für mich
Drachen tötet.
Ich brauche einen,
der mich liebt,
wenn ich
zu einem werde!

UND:

Ich warte
auch NICHT
auf den Prinzen
mit seinem Gaul!
**ICH
bestelle mir
ein TAXI!**

Das Beste kommt am Ende, am Jahresende:

Mein Wunschzettel

an den Weihnachts-MANN

Ich wünsche mir

ein **riesiges Plus**

auf meinem Konto

und ein **fettes Minus**

auf meiner Waage!

... und bitte, bitte

NICHT

VERTAUSCHEN

wie in all' den

anderen Jahren!

WICHTIGE MITTEILUNG!

Auf diesem Weg teilen wir Ihnen mit,
dass wir ab heute eine verdiente Pause einlegen,
um Ihnen nach den Feiertagen
wieder zur Verfügung zu stehen.
Wir wünschen Ihnen
beste Gesundheit und alles Gute!!!
Mit freundlichen Grüßen
der Salat, das Vollkornbrot, das Gemüse,
das Obst, die Magermilch, die Gurke,
der Sellerie, der Kohl und der Yoghurt.

P. S.
Während unserer Abwesenheit kümmern sich
mit der gleichen Aufmerksamkeit:
das Kotelett, die Languste, das Weißbrot,
die Butter, die Saucen, die Gans, die Lammkeule,
der Spekulatius, die Lebkuchen ...
und natürlich das eine oder andere
Fläschchen Wein, Bier, Sekt, Schnaps ...
um Ihr Wohlergehen.
Herzlichen Dank für Ihr Verständnis
und schöne Feiertage!
Hiermit beginnt die Aktion:
„Zum Teufel mit der Figur"

Geschenke für SIE
- in Ihrem gut sortierten Geschenkeladen erhältlich -

XXL-Gutschein-Kuverts
in 13 verschiedenen Designs

Art.-Nr.: 12260
Shopping-Dollar

Zum Einstecken
eines Geldscheins
oder einer
Gutscheinkarte
und Platz
für einen Gruß

Notizbücher
in 3 verschiedenen Designs

Noch mehr Geschenkartikel unter:
www.andrea-verlag.de

Pfefferminzbonbon-Dosen
in 6 verschiedenen Designs

Schlüsselanhänger
in 12 verschiedenen Designs

Impressum

Redaktion
Andrea VerlagsGmbH
www.andrea-verlag.de

Layout / Gestaltung
Kathrin Schmigalle

Foto
Cover & Seite 1: Fotolia

Druck
Jettenberger, Internationale Druckagentur,
Königsbrunn

ISBN: 978-3-86405-104-3

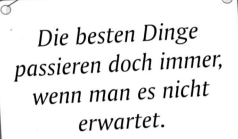

Die besten Dinge passieren doch immer, wenn man es nicht erwartet.

So,
ich wäre dann jetzt bereit!